ONE DAY AT A TIME __ / __ / __

TO DO {today}

☐ _____
☐ _____
☐ _____
☐ _____
☐ _____
☐ _____
☐ _____
☐ _____
☐ _____
☐ _____
☐ _____
☐ _____
☐ _____
☐ _____
☐ _____
☐ _____
☐ _____
☐ _____
☐ _____

TO DO {later}

▶ _____
▶ _____
▶ _____
▶ _____
▶ _____
▶ _____
▶ _____
▶ _____
▶ _____
▶ _____
▶ _____

LET IT go

HOUR by HOUR

8 _____
9 _____
10 _____
11 _____
12 _____
1 _____
2 _____
3 _____
4 _____
5 _____
6 _____

ONE DAY AT A TIME __ / __ / __

TO DO {today}

- [ ] _____
- [ ] _____
- [ ] _____
- [ ] _____
- [ ] _____
- [ ] _____
- [ ] _____
- [ ] _____
- [ ] _____
- [ ] _____
- [ ] _____
- [ ] _____
- [ ] _____
- [ ] _____
- [ ] _____
- [ ] _____
- [ ] _____
- [ ] _____

TO DO {later}

- _____
- _____
- _____
- _____
- _____
- _____
- _____
- _____
- _____

LET IT go

HOUR by HOUR

8 _____

9 _____

10 _____

11 _____

12 _____

1 _____

2 _____

3 _____

4 _____

5 _____

6 _____

ONE DAY AT A TIME __ / __ / __

TO DO {today}
- [ ] _____
- [ ] _____
- [ ] _____
- [ ] _____
- [ ] _____
- [ ] _____
- [ ] _____
- [ ] _____
- [ ] _____
- [ ] _____
- [ ] _____
- [ ] _____
- [ ] _____
- [ ] _____
- [ ] _____
- [ ] _____
- [ ] _____
- [ ] _____
- [ ] _____

TO DO {later}
▶ _____
▶ _____
▶ _____
▶ _____
▶ _____
▶ _____
▶ _____
▶ _____
▶ _____

LET IT go

HOUR by HOUR
8 _____

9 _____

10 _____

11 _____

12 _____

1 _____

2 _____

3 _____

4 _____

5 _____

6 _____

flow·
workman

ONE DAY AT A TIME __ / __ / __

TO DO {today}

- [ ] _____
- [ ] _____
- [ ] _____
- [ ] _____
- [ ] _____
- [ ] _____
- [ ] _____
- [ ] _____
- [ ] _____
- [ ] _____
- [ ] _____
- [ ] _____
- [ ] _____
- [ ] _____
- [ ] _____
- [ ] _____
- [ ] _____
- [ ] _____

TO DO {later}

- ▶ _____
- ▶ _____
- ▶ _____
- ▶ _____
- ▶ _____
- ▶ _____
- ▶ _____
- ▶ _____
- ▶ _____
- ▶ _____

LET IT go

HOUR by HOUR

8 _____

9 _____

10 _____

11 _____

12 _____

1 _____

2 _____

3 _____

4 _____

5 _____

6 _____

ONE DAY AT A TIME ___ / ___ / ___

TO DO {today}

- [ ] _____
- [ ] _____
- [ ] _____
- [ ] _____
- [ ] _____
- [ ] _____
- [ ] _____
- [ ] _____
- [ ] _____
- [ ] _____
- [ ] _____
- [ ] _____
- [ ] _____
- [ ] _____
- [ ] _____
- [ ] _____
- [ ] _____

TO DO {later}

- _____
- _____
- _____
- _____
- _____
- _____
- _____
- _____
- _____

LET IT go

HOUR by HOUR

8 _____

9 _____

10 _____

11 _____

12 _____

1 _____

2 _____

3 _____

4 _____

5 _____

6 _____

ONE DAY AT A TIME ___ / ___ / ___

TO DO {today}

- [ ] _____
- [ ] _____
- [ ] _____
- [ ] _____
- [ ] _____
- [ ] _____
- [ ] _____
- [ ] _____
- [ ] _____
- [ ] _____
- [ ] _____
- [ ] _____
- [ ] _____
- [ ] _____
- [ ] _____
- [ ] _____
- [ ] _____
- [ ] _____
- [ ] _____

TO DO {later}

▶ _____
▶ _____
▶ _____
▶ _____
▶ _____
▶ _____
▶ _____
▶ _____
▶ _____
▶ _____

LET IT go

HOUR by HOUR

8 _____

9 _____

10 _____

11 _____

12 _____

1 _____

2 _____

3 _____

4 _____

5 _____

6 _____

ONE DAY AT A TIME __ / __ / __

TO DO {today}

- [ ] _____
- [ ] _____
- [ ] _____
- [ ] _____
- [ ] _____
- [ ] _____
- [ ] _____
- [ ] _____
- [ ] _____
- [ ] _____
- [ ] _____
- [ ] _____
- [ ] _____
- [ ] _____
- [ ] _____
- [ ] _____
- [ ] _____
- [ ] _____

TO DO {later}

- _____
- _____
- _____
- _____
- _____
- _____
- _____
- _____
- _____
- _____

LET IT go

HOUR by HOUR

8 _____

9 _____

10 _____

11 _____

12 _____

1 _____

2 _____

3 _____

4 _____

5 _____

6 _____

ONE DAY AT A TIME __ / __ / __

TO DO {today}

- [ ] _____
- [ ] _____
- [ ] _____
- [ ] _____
- [ ] _____
- [ ] _____
- [ ] _____
- [ ] _____
- [ ] _____
- [ ] _____
- [ ] _____
- [ ] _____
- [ ] _____
- [ ] _____
- [ ] _____
- [ ] _____
- [ ] _____
- [ ] _____

TO DO {later}

- _____
- _____
- _____
- _____
- _____
- _____
- _____
- _____
- _____

LET IT go

HOUR by HOUR

8 _____

9 _____

10 _____

11 _____

12 _____

1 _____

2 _____

3 _____

4 _____

5 _____

6 _____

ONE DAY AT A TIME ___ / ___ / ___

HOUR by HOUR

8 _____

_____

9 _____

_____

10 _____

_____

11 _____

_____

12 _____

_____

1 _____

_____

2 _____

_____

3 _____

_____

4 _____

_____

5 _____

_____

6 _____

_____

TO DO {today}

☐ _____
☐ _____
☐ _____
☐ _____
☐ _____
☐ _____
☐ _____
☐ _____
☐ _____
☐ _____
☐ _____
☐ _____
☐ _____
☐ _____
☐ _____
☐ _____
☐ _____
☐ _____

TO DO {later}

▶ _____
▶ _____
▶ _____
▶ _____
▶ _____
▶ _____
▶ _____
▶ _____
▶ _____
▶ _____

LET IT go

ONE DAY AT A TIME __ / __ / __

TO DO {today}

- [ ] _____
- [ ] _____
- [ ] _____
- [ ] _____
- [ ] _____
- [ ] _____
- [ ] _____
- [ ] _____
- [ ] _____
- [ ] _____
- [ ] _____
- [ ] _____
- [ ] _____
- [ ] _____
- [ ] _____
- [ ] _____
- [ ] _____
- [ ] _____

TO DO {later}

▶ _____
▶ _____
▶ _____
▶ _____
▶ _____
▶ _____
▶ _____
▶ _____
▶ _____
▶ _____

LET IT go

HOUR by HOUR

8 _____

9 _____

10 _____

11 _____

12 _____

1 _____

2 _____

3 _____

4 _____

5 _____

6 _____

ONE DAY AT A TIME __ / __ / __

TO DO {today}

- [ ] _____
- [ ] _____
- [ ] _____
- [ ] _____
- [ ] _____
- [ ] _____
- [ ] _____
- [ ] _____
- [ ] _____
- [ ] _____
- [ ] _____
- [ ] _____
- [ ] _____
- [ ] _____
- [ ] _____
- [ ] _____
- [ ] _____
- [ ] _____
- [ ] _____

TO DO {later}

- ▶ _____
- ▶ _____
- ▶ _____
- ▶ _____
- ▶ _____
- ▶ _____
- ▶ _____
- ▶ _____
- ▶ _____

LET IT go

HOUR by HOUR

8 _____

9 _____

10 _____

11 _____

12 _____

1 _____

2 _____

3 _____

4 _____

5 _____

6 _____

ONE DAY AT A TIME ___ / ___ / ___

TO DO {today}

- [ ] _____
- [ ] _____
- [ ] _____
- [ ] _____
- [ ] _____
- [ ] _____
- [ ] _____
- [ ] _____
- [ ] _____
- [ ] _____
- [ ] _____
- [ ] _____
- [ ] _____
- [ ] _____
- [ ] _____
- [ ] _____
- [ ] _____
- [ ] _____
- [ ] _____

TO DO {later}

▸ _____
▸ _____
▸ _____
▸ _____
▸ _____
▸ _____
▸ _____
▸ _____
▸ _____
▸ _____

LET IT go

HOUR by HOUR

8 _____

9 _____

10 _____

11 _____

12 _____

1 _____

2 _____

3 _____

4 _____

5 _____

6 _____

ONE DAY AT A TIME __ / __ / __

TO DO {today}

- [ ] _____
- [ ] _____
- [ ] _____
- [ ] _____
- [ ] _____
- [ ] _____
- [ ] _____
- [ ] _____
- [ ] _____
- [ ] _____
- [ ] _____
- [ ] _____
- [ ] _____
- [ ] _____
- [ ] _____
- [ ] _____
- [ ] _____
- [ ] _____
- [ ] _____

TO DO {later}

- _____
- _____
- _____
- _____
- _____
- _____
- _____
- _____
- _____
- _____

LET IT go

HOUR by HOUR

8 _____

9 _____

10 _____

11 _____

12 _____

1 _____

2 _____

3 _____

4 _____

5 _____

6 _____

ONE DAY AT A TIME __ / __ / __

TO DO {today}

- [ ] _____
- [ ] _____
- [ ] _____
- [ ] _____
- [ ] _____
- [ ] _____
- [ ] _____
- [ ] _____
- [ ] _____
- [ ] _____
- [ ] _____
- [ ] _____
- [ ] _____
- [ ] _____
- [ ] _____
- [ ] _____
- [ ] _____
- [ ] _____

TO DO {later}

- ▶ _____
- ▶ _____
- ▶ _____
- ▶ _____
- ▶ _____
- ▶ _____
- ▶ _____
- ▶ _____
- ▶ _____

LET IT go

HOUR by HOUR

8 _____

9 _____

10 _____

11 _____

12 _____

1 _____

2 _____

3 _____

4 _____

5 _____

6 _____

ONE DAY AT A TIME __ / __ / __

TO DO {today}

- [ ] _____
- [ ] _____
- [ ] _____
- [ ] _____
- [ ] _____
- [ ] _____
- [ ] _____
- [ ] _____
- [ ] _____
- [ ] _____
- [ ] _____
- [ ] _____
- [ ] _____
- [ ] _____
- [ ] _____
- [ ] _____
- [ ] _____
- [ ] _____
- [ ] _____

TO DO {later}

▶ _____
▶ _____
▶ _____
▶ _____
▶ _____
▶ _____
▶ _____
▶ _____
▶ _____

LET IT go

HOUR by HOUR

8 _____

9 _____

10 _____

11 _____

12 _____

1 _____

2 _____

3 _____

4 _____

5 _____

6 _____

ONE DAY AT A TIME __ / __ / __

HOUR by HOUR

8 _____

9 _____

10 _____

11 _____

12 _____

1 _____

2 _____

3 _____

4 _____

5 _____

6 _____

TO DO {today}

☐ _____
☐ _____
☐ _____
☐ _____
☐ _____
☐ _____
☐ _____
☐ _____
☐ _____
☐ _____
☐ _____
☐ _____
☐ _____
☐ _____
☐ _____
☐ _____
☐ _____
☐ _____
☐ _____

TO DO {later}

▶ _____
▶ _____
▶ _____
▶ _____
▶ _____
▶ _____
▶ _____
▶ _____
▶ _____

LET IT go

flow
workman

ONE DAY AT A TIME __/__/__

TO DO {today}

- [ ] _____
- [ ] _____
- [ ] _____
- [ ] _____
- [ ] _____
- [ ] _____
- [ ] _____
- [ ] _____
- [ ] _____
- [ ] _____
- [ ] _____
- [ ] _____
- [ ] _____
- [ ] _____
- [ ] _____
- [ ] _____
- [ ] _____

TO DO {later}

- ▶ _____
- ▶ _____
- ▶ _____
- ▶ _____
- ▶ _____
- ▶ _____
- ▶ _____
- ▶ _____
- ▶ _____
- ▶ _____

LET IT go

HOUR by HOUR

8 _____

9 _____

10 _____

11 _____

12 _____

1 _____

2 _____

3 _____

4 _____

5 _____

6 _____

ONE DAY AT A TIME ___ / ___ / ___

TO DO {today}

- [ ] _____
- [ ] _____
- [ ] _____
- [ ] _____
- [ ] _____
- [ ] _____
- [ ] _____
- [ ] _____
- [ ] _____
- [ ] _____
- [ ] _____
- [ ] _____
- [ ] _____
- [ ] _____
- [ ] _____
- [ ] _____
- [ ] _____

TO DO {later}

- _____
- _____
- _____
- _____
- _____
- _____
- _____
- _____
- _____

LET IT go

HOUR by HOUR

8 _____

9 _____

10 _____

11 _____

12 _____

1 _____

2 _____

3 _____

4 _____

5 _____

6 _____

ONE DAY AT A TIME __ / __ / __

HOUR by HOUR

8 _____

9 _____

10 _____

11 _____

12 _____

1 _____

2 _____

3 _____

4 _____

5 _____

6 _____

TO DO {today}

☐ _____
☐ _____
☐ _____
☐ _____
☐ _____
☐ _____
☐ _____
☐ _____
☐ _____
☐ _____
☐ _____
☐ _____
☐ _____
☐ _____
☐ _____
☐ _____
☐ _____
☐ _____

TO DO {later}

▶ _____
▶ _____
▶ _____
▶ _____
▶ _____
▶ _____
▶ _____
▶ _____

LET IT go

ONE DAY AT A TIME __ / __ / __

TO DO {today}

- [ ] _____
- [ ] _____
- [ ] _____
- [ ] _____
- [ ] _____
- [ ] _____
- [ ] _____
- [ ] _____
- [ ] _____
- [ ] _____
- [ ] _____
- [ ] _____
- [ ] _____
- [ ] _____
- [ ] _____
- [ ] _____
- [ ] _____
- [ ] _____

TO DO {later}

➤ _____
➤ _____
➤ _____
➤ _____
➤ _____
➤ _____
➤ _____
➤ _____
➤ _____

LET IT go

HOUR by HOUR

8 _____

9 _____

10 _____

11 _____

12 _____

1 _____

2 _____

3 _____

4 _____

5 _____

6 _____

ONE DAY AT A TIME __ / __ / __

HOUR by HOUR

8 _____
9 _____
10 _____
11 _____
12 _____
1 _____
2 _____
3 _____
4 _____
5 _____
6 _____

TO DO {today}

- [ ] _____
- [ ] _____
- [ ] _____
- [ ] _____
- [ ] _____
- [ ] _____
- [ ] _____
- [ ] _____
- [ ] _____
- [ ] _____
- [ ] _____
- [ ] _____
- [ ] _____
- [ ] _____
- [ ] _____
- [ ] _____
- [ ] _____
- [ ] _____
- [ ] _____

TO DO {later}

▶ _____
▶ _____
▶ _____
▶ _____
▶ _____
▶ _____
▶ _____
▶ _____
▶ _____
▶ _____
▶ _____

LET IT go

ONE DAY AT A TIME __ / __ / __

TO DO {today}

- [ ] _____
- [ ] _____
- [ ] _____
- [ ] _____
- [ ] _____
- [ ] _____
- [ ] _____
- [ ] _____
- [ ] _____
- [ ] _____
- [ ] _____
- [ ] _____
- [ ] _____
- [ ] _____
- [ ] _____
- [ ] _____
- [ ] _____
- [ ] _____

TO DO {later}

▸ _____
▸ _____
▸ _____
▸ _____
▸ _____
▸ _____
▸ _____
▸ _____
▸ _____

LET IT go

HOUR by HOUR

8 _____

9 _____

10 _____

11 _____

12 _____

1 _____

2 _____

3 _____

4 _____

5 _____

6 _____

ONE DAY AT A TIME ___ / ___ / ___

TO DO {today}

- [ ] _____
- [ ] _____
- [ ] _____
- [ ] _____
- [ ] _____
- [ ] _____
- [ ] _____
- [ ] _____
- [ ] _____
- [ ] _____
- [ ] _____
- [ ] _____
- [ ] _____
- [ ] _____
- [ ] _____
- [ ] _____
- [ ] _____
- [ ] _____

TO DO {later}

▶ _____
▶ _____
▶ _____
▶ _____
▶ _____
▶ _____
▶ _____
▶ _____

LET IT go

HOUR by HOUR

8 _____

9 _____

10 _____

11 _____

12 _____

1 _____

2 _____

3 _____

4 _____

5 _____

6 _____

ONE DAY AT A TIME __ / __ / __

TO DO {today}

- [ ] _____
- [ ] _____
- [ ] _____
- [ ] _____
- [ ] _____
- [ ] _____
- [ ] _____
- [ ] _____
- [ ] _____
- [ ] _____
- [ ] _____
- [ ] _____
- [ ] _____
- [ ] _____
- [ ] _____
- [ ] _____
- [ ] _____
- [ ] _____

TO DO {later}

- _____
- _____
- _____
- _____
- _____
- _____
- _____
- _____
- _____
- _____

LET IT go

HOUR by HOUR

8 _____

9 _____

10 _____

11 _____

12 _____

1 _____

2 _____

3 _____

4 _____

5 _____

6 _____

ONE DAY AT A TIME __ / __ / __

TO DO {today}

- [ ] _____
- [ ] _____
- [ ] _____
- [ ] _____
- [ ] _____
- [ ] _____
- [ ] _____
- [ ] _____
- [ ] _____
- [ ] _____
- [ ] _____
- [ ] _____
- [ ] _____
- [ ] _____
- [ ] _____
- [ ] _____
- [ ] _____
- [ ] _____

TO DO {later}

- ▸ _____
- ▸ _____
- ▸ _____
- ▸ _____
- ▸ _____
- ▸ _____
- ▸ _____
- ▸ _____
- ▸ _____
- ▸ _____

LET IT go

HOUR by HOUR

8 _____
_____

9 _____
_____

10 _____
_____

11 _____
_____

12 _____
_____

1 _____
_____

2 _____
_____

3 _____
_____

4 _____
_____

5 _____
_____

6 _____
_____

ONE DAY AT A TIME __ / __ / __

HOUR by HOUR

8 _____

9 _____

10 _____

11 _____

12 _____

1 _____

2 _____

3 _____

4 _____

5 _____

6 _____

TO DO {today}

☐ _____
☐ _____
☐ _____
☐ _____
☐ _____
☐ _____
☐ _____
☐ _____
☐ _____
☐ _____
☐ _____
☐ _____
☐ _____
☐ _____
☐ _____
☐ _____
☐ _____
☐ _____
☐ _____

TO DO {later}

▶ _____
▶ _____
▶ _____
▶ _____
▶ _____
▶ _____
▶ _____
▶ _____
▶ _____

LET IT go

ONE DAY AT A TIME __ / __ / __

TO DO {today}

- [ ] _____
- [ ] _____
- [ ] _____
- [ ] _____
- [ ] _____
- [ ] _____
- [ ] _____
- [ ] _____
- [ ] _____
- [ ] _____
- [ ] _____
- [ ] _____
- [ ] _____
- [ ] _____
- [ ] _____
- [ ] _____
- [ ] _____
- [ ] _____
- [ ] _____

TO DO {later}

- ➤ _____
- ➤ _____
- ➤ _____
- ➤ _____
- ➤ _____
- ➤ _____
- ➤ _____
- ➤ _____
- ➤ _____
- ➤ _____

LET IT go

HOUR by HOUR

8 _____

9 _____

10 _____

11 _____

12 _____

1 _____

2 _____

3 _____

4 _____

5 _____

6 _____

ONE DAY AT A TIME __ / __ / __

TO DO {today}

- [ ] _____
- [ ] _____
- [ ] _____
- [ ] _____
- [ ] _____
- [ ] _____
- [ ] _____
- [ ] _____
- [ ] _____
- [ ] _____
- [ ] _____
- [ ] _____
- [ ] _____
- [ ] _____
- [ ] _____
- [ ] _____
- [ ] _____
- [ ] _____

TO DO {later}

▶ _____
▶ _____
▶ _____
▶ _____
▶ _____
▶ _____
▶ _____
▶ _____
▶ _____
▶ _____

LET IT go

HOUR by HOUR

8 _____

9 _____

10 _____

11 _____

12 _____

1 _____

2 _____

3 _____

4 _____

5 _____

6 _____

ONE DAY AT A TIME __ / __ / __

TO DO {today}

☐ _____
☐ _____
☐ _____
☐ _____
☐ _____
☐ _____
☐ _____
☐ _____
☐ _____
☐ _____
☐ _____
☐ _____
☐ _____
☐ _____
☐ _____
☐ _____
☐ _____

TO DO {later}

▶ _____
▶ _____
▶ _____
▶ _____
▶ _____
▶ _____
▶ _____
▶ _____
▶ _____
▶ _____

LET IT go

HOUR by HOUR

8 _____
_____
9 _____
_____
10 _____
_____
11 _____
_____
12 _____
_____
1 _____
_____
2 _____
_____
3 _____
_____
4 _____
_____
5 _____
_____
6 _____
_____

ONE DAY AT A TIME __ / __ / __

TO DO {today}

- [ ] _____
- [ ] _____
- [ ] _____
- [ ] _____
- [ ] _____
- [ ] _____
- [ ] _____
- [ ] _____
- [ ] _____
- [ ] _____
- [ ] _____
- [ ] _____
- [ ] _____
- [ ] _____
- [ ] _____
- [ ] _____
- [ ] _____
- [ ] _____

TO DO {later}

▶ _____
▶ _____
▶ _____
▶ _____
▶ _____
▶ _____
▶ _____
▶ _____
▶ _____

LET IT go

HOUR by HOUR

8 _____

9 _____

10 _____

11 _____

12 _____

1 _____

2 _____

3 _____

4 _____

5 _____

6 _____

ONE DAY AT A TIME __ / __ / __

TO DO {today}

- [ ] _____
- [ ] _____
- [ ] _____
- [ ] _____
- [ ] _____
- [ ] _____
- [ ] _____
- [ ] _____
- [ ] _____
- [ ] _____
- [ ] _____
- [ ] _____
- [ ] _____
- [ ] _____
- [ ] _____
- [ ] _____
- [ ] _____
- [ ] _____
- [ ] _____
- [ ] _____

TO DO {later}

- ▶ _____
- ▶ _____
- ▶ _____
- ▶ _____
- ▶ _____
- ▶ _____
- ▶ _____
- ▶ _____
- ▶ _____
- ▶ _____

LET IT go

HOUR by HOUR

8 _____

9 _____

10 _____

11 _____

12 _____

1 _____

2 _____

3 _____

4 _____

5 _____

6 _____

flow
workman

ONE DAY AT A TIME __ / __ / __

TO DO {today}

- [ ] _____
- [ ] _____
- [ ] _____
- [ ] _____
- [ ] _____
- [ ] _____
- [ ] _____
- [ ] _____
- [ ] _____
- [ ] _____
- [ ] _____
- [ ] _____
- [ ] _____
- [ ] _____
- [ ] _____
- [ ] _____
- [ ] _____
- [ ] _____
- [ ] _____
- [ ] _____

TO DO {later}

- ▶ _____
- ▶ _____
- ▶ _____
- ▶ _____
- ▶ _____
- ▶ _____
- ▶ _____
- ▶ _____
- ▶ _____
- ▶ _____

LET IT go

HOUR by HOUR

8 _____

9 _____

10 _____

11 _____

12 _____

1 _____

2 _____

3 _____

4 _____

5 _____

6 _____

ONE DAY AT A TIME __ / __ / __

TO DO {today}

- ☐ _____
- ☐ _____
- ☐ _____
- ☐ _____
- ☐ _____
- ☐ _____
- ☐ _____
- ☐ _____
- ☐ _____
- ☐ _____
- ☐ _____
- ☐ _____
- ☐ _____
- ☐ _____
- ☐ _____
- ☐ _____
- ☐ _____
- ☐ _____
- ☐ _____

TO DO {later}

- ▶ _____
- ▶ _____
- ▶ _____
- ▶ _____
- ▶ _____
- ▶ _____
- ▶ _____
- ▶ _____
- ▶ _____
- ▶ _____
- ▶ _____

LET IT go

HOUR by HOUR

8 _____

9 _____

10 _____

11 _____

12 _____

1 _____

2 _____

3 _____

4 _____

5 _____

6 _____

ONE DAY AT A TIME __ / __ / __

TO DO {today}

- [ ] _____
- [ ] _____
- [ ] _____
- [ ] _____
- [ ] _____
- [ ] _____
- [ ] _____
- [ ] _____
- [ ] _____
- [ ] _____
- [ ] _____
- [ ] _____
- [ ] _____
- [ ] _____
- [ ] _____
- [ ] _____
- [ ] _____
- [ ] _____

TO DO {later}

- ▶ _____
- ▶ _____
- ▶ _____
- ▶ _____
- ▶ _____
- ▶ _____
- ▶ _____
- ▶ _____
- ▶ _____
- ▶ _____

LET IT go

HOUR by HOUR

8 _____

9 _____

10 _____

11 _____

12 _____

1 _____

2 _____

3 _____

4 _____

5 _____

6 _____

ONE DAY AT A TIME __ / __ / __

TO DO {today}

- [ ] _____
- [ ] _____
- [ ] _____
- [ ] _____
- [ ] _____
- [ ] _____
- [ ] _____
- [ ] _____
- [ ] _____
- [ ] _____
- [ ] _____
- [ ] _____
- [ ] _____
- [ ] _____
- [ ] _____
- [ ] _____
- [ ] _____
- [ ] _____
- [ ] _____

TO DO {later}

- _____
- _____
- _____
- _____
- _____
- _____
- _____
- _____
- _____
- _____
- _____

LET IT go

HOUR by HOUR

8 _____

9 _____

10 _____

11 _____

12 _____

1 _____

2 _____

3 _____

4 _____

5 _____

6 _____

ONE DAY AT A TIME __ / __ / __

TO DO {today}

☐ _____
☐ _____
☐ _____
☐ _____
☐ _____
☐ _____
☐ _____
☐ _____
☐ _____
☐ _____
☐ _____
☐ _____
☐ _____
☐ _____
☐ _____
☐ _____
☐ _____
☐ _____

TO DO {later}

▸ _____
▸ _____
▸ _____
▸ _____
▸ _____
▸ _____
▸ _____
▸ _____
▸ _____
▸ _____

LET IT go

HOUR by HOUR

8 _____
9 _____
10 _____
11 _____
12 _____
1 _____
2 _____
3 _____
4 _____
5 _____
6 _____

ONE DAY AT A TIME __ / __ / __

TO DO {today}

- [ ] _____
- [ ] _____
- [ ] _____
- [ ] _____
- [ ] _____
- [ ] _____
- [ ] _____
- [ ] _____
- [ ] _____
- [ ] _____
- [ ] _____
- [ ] _____
- [ ] _____
- [ ] _____
- [ ] _____
- [ ] _____
- [ ] _____
- [ ] _____
- [ ] _____
- [ ] _____

TO DO {later}

- ▶ _____
- ▶ _____
- ▶ _____
- ▶ _____
- ▶ _____
- ▶ _____
- ▶ _____
- ▶ _____
- ▶ _____
- ▶ _____

LET IT go

HOUR by HOUR

8 _____

9 _____

10 _____

11 _____

12 _____

1 _____

2 _____

3 _____

4 _____

5 _____

6 _____

ONE DAY AT A TIME __ / __ / __

TO DO {today}

- [ ] _____
- [ ] _____
- [ ] _____
- [ ] _____
- [ ] _____
- [ ] _____
- [ ] _____
- [ ] _____
- [ ] _____
- [ ] _____
- [ ] _____
- [ ] _____
- [ ] _____
- [ ] _____
- [ ] _____
- [ ] _____
- [ ] _____
- [ ] _____
- [ ] _____

TO DO {later}

- _____
- _____
- _____
- _____
- _____
- _____
- _____
- _____
- _____
- _____

LET IT go

HOUR by HOUR

8 _____

9 _____

10 _____

11 _____

12 _____

1 _____

2 _____

3 _____

4 _____

5 _____

6 _____

ONE DAY AT A TIME __ / __ / __

TO DO {today}

- [ ] _____
- [ ] _____
- [ ] _____
- [ ] _____
- [ ] _____
- [ ] _____
- [ ] _____
- [ ] _____
- [ ] _____
- [ ] _____
- [ ] _____
- [ ] _____
- [ ] _____
- [ ] _____
- [ ] _____
- [ ] _____
- [ ] _____
- [ ] _____

TO DO {later}

- ▸ _____
- ▸ _____
- ▸ _____
- ▸ _____
- ▸ _____
- ▸ _____
- ▸ _____
- ▸ _____
- ▸ _____
- ▸ _____

LET IT go

HOUR by HOUR

8 _____

9 _____

10 _____

11 _____

12 _____

1 _____

2 _____

3 _____

4 _____

5 _____

6 _____

ONE DAY AT A TIME __ / __ / __

TO DO {today}

- [ ] _____
- [ ] _____
- [ ] _____
- [ ] _____
- [ ] _____
- [ ] _____
- [ ] _____
- [ ] _____
- [ ] _____
- [ ] _____
- [ ] _____
- [ ] _____
- [ ] _____
- [ ] _____
- [ ] _____
- [ ] _____
- [ ] _____
- [ ] _____
- [ ] _____
- [ ] _____

TO DO {later}

- _____
- _____
- _____
- _____
- _____
- _____
- _____
- _____
- _____
- _____

LET IT go

HOUR by HOUR

8 _____

9 _____

10 _____

11 _____

12 _____

1 _____

2 _____

3 _____

4 _____

5 _____

6 _____

flow·
workman

ONE DAY AT A TIME __ / __ / __

TO DO {today}

- [ ] _____
- [ ] _____
- [ ] _____
- [ ] _____
- [ ] _____
- [ ] _____
- [ ] _____
- [ ] _____
- [ ] _____
- [ ] _____
- [ ] _____
- [ ] _____
- [ ] _____
- [ ] _____
- [ ] _____
- [ ] _____
- [ ] _____
- [ ] _____
- [ ] _____
- [ ] _____

TO DO {later}

▸ _____
▸ _____
▸ _____
▸ _____
▸ _____
▸ _____
▸ _____
▸ _____
▸ _____
▸ _____

LET IT go

HOUR by HOUR

8 _____

9 _____

10 _____

11 _____

12 _____

1 _____

2 _____

3 _____

4 _____

5 _____

6 _____

ONE DAY AT A TIME __ / __ / __

TO DO {today}

- [ ] _____
- [ ] _____
- [ ] _____
- [ ] _____
- [ ] _____
- [ ] _____
- [ ] _____
- [ ] _____
- [ ] _____
- [ ] _____
- [ ] _____
- [ ] _____
- [ ] _____
- [ ] _____
- [ ] _____
- [ ] _____
- [ ] _____
- [ ] _____
- [ ] _____

TO DO {later}

- ▶ _____
- ▶ _____
- ▶ _____
- ▶ _____
- ▶ _____
- ▶ _____
- ▶ _____
- ▶ _____
- ▶ _____
- ▶ _____

LET IT go

HOUR by HOUR

8 _____

9 _____

10 _____

11 _____

12 _____

1 _____

2 _____

3 _____

4 _____

5 _____

6 _____

ONE DAY AT A TIME __ / __ / __

TO DO {today}

- [ ] _____
- [ ] _____
- [ ] _____
- [ ] _____
- [ ] _____
- [ ] _____
- [ ] _____
- [ ] _____
- [ ] _____
- [ ] _____
- [ ] _____
- [ ] _____
- [ ] _____
- [ ] _____
- [ ] _____
- [ ] _____

TO DO {later}

▸ _____
▸ _____
▸ _____
▸ _____
▸ _____
▸ _____
▸ _____
▸ _____
▸ _____
▸ _____

LET IT go

HOUR by HOUR

8 _____

9 _____

10 _____

11 _____

12 _____

1 _____

2 _____

3 _____

4 _____

5 _____

6 _____

ONE DAY AT A TIME __ / __ / __

TO DO {today}

- [ ] _____
- [ ] _____
- [ ] _____
- [ ] _____
- [ ] _____
- [ ] _____
- [ ] _____
- [ ] _____
- [ ] _____
- [ ] _____
- [ ] _____
- [ ] _____
- [ ] _____
- [ ] _____
- [ ] _____
- [ ] _____
- [ ] _____
- [ ] _____
- [ ] _____
- [ ] _____

TO DO {later}

▸ _____
▸ _____
▸ _____
▸ _____
▸ _____
▸ _____
▸ _____
▸ _____
▸ _____
▸ _____
▸ _____

LET IT go

HOUR by HOUR

8 _____

9 _____

10 _____

11 _____

12 _____

1 _____

2 _____

3 _____

4 _____

5 _____

6 _____

ONE DAY AT A TIME ___ / ___ / ___

TO DO {today}

- [ ] _____
- [ ] _____
- [ ] _____
- [ ] _____
- [ ] _____
- [ ] _____
- [ ] _____
- [ ] _____
- [ ] _____
- [ ] _____
- [ ] _____
- [ ] _____
- [ ] _____
- [ ] _____
- [ ] _____
- [ ] _____
- [ ] _____
- [ ] _____

TO DO {later}

- ➤ _____
- ➤ _____
- ➤ _____
- ➤ _____
- ➤ _____
- ➤ _____
- ➤ _____
- ➤ _____
- ➤ _____
- ➤ _____

LET IT go

HOUR by HOUR

8 _____

9 _____

10 _____

11 _____

12 _____

1 _____

2 _____

3 _____

4 _____

5 _____

6 _____

ONE DAY AT A TIME __ / __ / __

TO DO {today}

- [ ] _____
- [ ] _____
- [ ] _____
- [ ] _____
- [ ] _____
- [ ] _____
- [ ] _____
- [ ] _____
- [ ] _____
- [ ] _____
- [ ] _____
- [ ] _____
- [ ] _____
- [ ] _____
- [ ] _____
- [ ] _____
- [ ] _____

TO DO {later}

➤ _____
➤ _____
➤ _____
➤ _____
➤ _____
➤ _____
➤ _____
➤ _____
➤ _____
➤ _____

LET IT go

HOUR by HOUR

8 _____

9 _____

10 _____

11 _____

12 _____

1 _____

2 _____

3 _____

4 _____

5 _____

6 _____

ONE DAY AT A TIME __ / __ / __

HOUR by HOUR

8
9
10
11
12
1
2
3
4
5
6

TO DO {today}

- ☐
- ☐
- ☐
- ☐
- ☐
- ☐
- ☐
- ☐
- ☐
- ☐
- ☐
- ☐
- ☐
- ☐
- ☐
- ☐
- ☐

TO DO {later}

- ▸
- ▸
- ▸
- ▸
- ▸
- ▸
- ▸
- ▸
- ▸
- ▸

LET IT go

ONE DAY AT A TIME ___/___/___

TO DO {today}

☐ _____
☐ _____
☐ _____
☐ _____
☐ _____
☐ _____
☐ _____
☐ _____
☐ _____
☐ _____
☐ _____
☐ _____
☐ _____
☐ _____
☐ _____
☐ _____
☐ _____
☐ _____
☐ _____
☐ _____
☐ _____

TO DO {later}

▸ _____
▸ _____
▸ _____
▸ _____
▸ _____
▸ _____
▸ _____
▸ _____
▸ _____
▸ _____

LET IT go

HOUR by HOUR

8 _____

9 _____

10 _____

11 _____

12 _____

1 _____

2 _____

3 _____

4 _____

5 _____

6 _____

ONE DAY AT A TIME __ / __ / __

TO DO {today}

- [ ] _____
- [ ] _____
- [ ] _____
- [ ] _____
- [ ] _____
- [ ] _____
- [ ] _____
- [ ] _____
- [ ] _____
- [ ] _____
- [ ] _____
- [ ] _____
- [ ] _____
- [ ] _____
- [ ] _____
- [ ] _____
- [ ] _____
- [ ] _____

TO DO {later}

- _____
- _____
- _____
- _____
- _____
- _____
- _____
- _____
- _____
- _____

LET IT go

HOUR by HOUR

8 _____

9 _____

10 _____

11 _____

12 _____

1 _____

2 _____

3 _____

4 _____

5 _____

6 _____

ONE DAY AT A TIME __ / __ / __

TO DO {today}

- ☐ _____
- ☐ _____
- ☐ _____
- ☐ _____
- ☐ _____
- ☐ _____
- ☐ _____
- ☐ _____
- ☐ _____
- ☐ _____
- ☐ _____
- ☐ _____
- ☐ _____
- ☐ _____
- ☐ _____
- ☐ _____
- ☐ _____
- ☐ _____
- ☐ _____

TO DO {later}

- ▶ _____
- ▶ _____
- ▶ _____
- ▶ _____
- ▶ _____
- ▶ _____
- ▶ _____
- ▶ _____
- ▶ _____
- ▶ _____

LET IT go

HOUR by HOUR

8 _____

9 _____

10 _____

11 _____

12 _____

1 _____

2 _____

3 _____

4 _____

5 _____

6 _____

ONE DAY AT A TIME __ / __ / __

TO DO {today}

- [ ] _____
- [ ] _____
- [ ] _____
- [ ] _____
- [ ] _____
- [ ] _____
- [ ] _____
- [ ] _____
- [ ] _____
- [ ] _____
- [ ] _____
- [ ] _____
- [ ] _____
- [ ] _____
- [ ] _____
- [ ] _____
- [ ] _____
- [ ] _____

TO DO {later}

- ▶ _____
- ▶ _____
- ▶ _____
- ▶ _____
- ▶ _____
- ▶ _____
- ▶ _____
- ▶ _____
- ▶ _____
- ▶ _____

LET IT go

HOUR by HOUR

8 _____

9 _____

10 _____

11 _____

12 _____

1 _____

2 _____

3 _____

4 _____

5 _____

6 _____

ONE DAY AT A TIME __ / __ / __

TO DO {today}

☐ _____
☐ _____
☐ _____
☐ _____
☐ _____
☐ _____
☐ _____
☐ _____
☐ _____
☐ _____
☐ _____
☐ _____
☐ _____
☐ _____
☐ _____
☐ _____
☐ _____
☐ _____
☐ _____

TO DO {later}

▶ _____
▶ _____
▶ _____
▶ _____
▶ _____
▶ _____
▶ _____
▶ _____
▶ _____

LET IT go

HOUR by HOUR

8 _____

9 _____

10 _____

11 _____

12 _____

1 _____

2 _____

3 _____

4 _____

5 _____

6 _____

flow
workman

ONE DAY AT A TIME __ / __ / __

TO DO {today}

- [ ] _____
- [ ] _____
- [ ] _____
- [ ] _____
- [ ] _____
- [ ] _____
- [ ] _____
- [ ] _____
- [ ] _____
- [ ] _____
- [ ] _____
- [ ] _____
- [ ] _____
- [ ] _____
- [ ] _____
- [ ] _____
- [ ] _____
- [ ] _____
- [ ] _____

TO DO {later}

▶ _____
▶ _____
▶ _____
▶ _____
▶ _____
▶ _____
▶ _____
▶ _____
▶ _____
▶ _____

LET IT go

HOUR by HOUR

8 _____

9 _____

10 _____

11 _____

12 _____

1 _____

2 _____

3 _____

4 _____

5 _____

6 _____

ONE DAY AT A TIME __ / __ / __

HOUR by HOUR

8 _____

9 _____

10 _____

11 _____

12 _____

1 _____

2 _____

3 _____

4 _____

5 _____

6 _____

TO DO {today}

☐ _____
☐ _____
☐ _____
☐ _____
☐ _____
☐ _____
☐ _____
☐ _____
☐ _____
☐ _____
☐ _____
☐ _____
☐ _____
☐ _____
☐ _____
☐ _____
☐ _____
☐ _____
☐ _____

TO DO {later}

▸ _____
▸ _____
▸ _____
▸ _____
▸ _____
▸ _____
▸ _____
▸ _____
▸ _____
▸ _____
▸ _____

LET IT go

ONE DAY AT A TIME ___ / ___ / ___

TO DO {today}

☐ _____
☐ _____
☐ _____
☐ _____
☐ _____
☐ _____
☐ _____
☐ _____
☐ _____
☐ _____
☐ _____
☐ _____
☐ _____
☐ _____
☐ _____
☐ _____
☐ _____
☐ _____
☐ _____

TO DO {later}

➤ _____
➤ _____
➤ _____
➤ _____
➤ _____
➤ _____
➤ _____
➤ _____
➤ _____
➤ _____

LET IT go

HOUR by HOUR

8 _____

9 _____

10 _____

11 _____

12 _____

1 _____

2 _____

3 _____

4 _____

5 _____

6 _____

ONE DAY AT A TIME __ / __ / __

HOUR by HOUR

8 _____

9 _____

10 _____

11 _____

12 _____

1 _____

2 _____

3 _____

4 _____

5 _____

6 _____

TO DO {today}

☐ _____
☐ _____
☐ _____
☐ _____
☐ _____
☐ _____
☐ _____
☐ _____
☐ _____
☐ _____
☐ _____
☐ _____
☐ _____
☐ _____
☐ _____
☐ _____
☐ _____

TO DO {later}

▶ _____
▶ _____
▶ _____
▶ _____
▶ _____
▶ _____
▶ _____
▶ _____
▶ _____

LET IT go

ONE DAY AT A TIME __ / __ / __

TO DO {today}

- [ ] _____
- [ ] _____
- [ ] _____
- [ ] _____
- [ ] _____
- [ ] _____
- [ ] _____
- [ ] _____
- [ ] _____
- [ ] _____
- [ ] _____
- [ ] _____
- [ ] _____
- [ ] _____
- [ ] _____
- [ ] _____
- [ ] _____
- [ ] _____

TO DO {later}

- _____
- _____
- _____
- _____
- _____
- _____
- _____
- _____
- _____

LET IT go

HOUR by HOUR

8 _____

9 _____

10 _____

11 _____

12 _____

1 _____

2 _____

3 _____

4 _____

5 _____

6 _____

ONE DAY AT A TIME ___ / ___ / ___

HOUR by HOUR

8 _____
9 _____
10 _____
11 _____
12 _____
1 _____
2 _____
3 _____
4 _____
5 _____
6 _____

TO DO {today}

- [ ] _____
- [ ] _____
- [ ] _____
- [ ] _____
- [ ] _____
- [ ] _____
- [ ] _____
- [ ] _____
- [ ] _____
- [ ] _____
- [ ] _____
- [ ] _____
- [ ] _____
- [ ] _____
- [ ] _____
- [ ] _____
- [ ] _____
- [ ] _____

TO DO {later}

▶ _____
▶ _____
▶ _____
▶ _____
▶ _____
▶ _____
▶ _____
▶ _____
▶ _____
▶ _____

LET IT go

ONE DAY AT A TIME __ / __ / __

TO DO {today}

- [ ] _____
- [ ] _____
- [ ] _____
- [ ] _____
- [ ] _____
- [ ] _____
- [ ] _____
- [ ] _____
- [ ] _____
- [ ] _____
- [ ] _____
- [ ] _____
- [ ] _____
- [ ] _____
- [ ] _____
- [ ] _____
- [ ] _____
- [ ] _____
- [ ] _____
- [ ] _____

TO DO {later}

- _____
- _____
- _____
- _____
- _____
- _____
- _____
- _____
- _____

LET IT go

HOUR by HOUR

8 _____

9 _____

10 _____

11 _____

12 _____

1 _____

2 _____

3 _____

4 _____

5 _____

6 _____

ONE DAY AT A TIME __ / __ / __

TO DO {today}

- [ ] _____
- [ ] _____
- [ ] _____
- [ ] _____
- [ ] _____
- [ ] _____
- [ ] _____
- [ ] _____
- [ ] _____
- [ ] _____
- [ ] _____
- [ ] _____
- [ ] _____
- [ ] _____
- [ ] _____
- [ ] _____
- [ ] _____
- [ ] _____

TO DO {later}

- ▶ _____
- ▶ _____
- ▶ _____
- ▶ _____
- ▶ _____
- ▶ _____
- ▶ _____
- ▶ _____
- ▶ _____
- ▶ _____
- ▶ _____

LET IT go

HOUR by HOUR

8 _____

9 _____

10 _____

11 _____

12 _____

1 _____

2 _____

3 _____

4 _____

5 _____

6 _____

flow
workman

ONE DAY AT A TIME __ / __ / __

TO DO {today}

- [ ] _____
- [ ] _____
- [ ] _____
- [ ] _____
- [ ] _____
- [ ] _____
- [ ] _____
- [ ] _____
- [ ] _____
- [ ] _____
- [ ] _____
- [ ] _____
- [ ] _____
- [ ] _____
- [ ] _____
- [ ] _____
- [ ] _____
- [ ] _____
- [ ] _____

TO DO {later}

▶ _____
▶ _____
▶ _____
▶ _____
▶ _____
▶ _____
▶ _____
▶ _____
▶ _____
▶ _____
▶ _____

LET IT go

HOUR by HOUR

8 _____

9 _____

10 _____

11 _____

12 _____

1 _____

2 _____

3 _____

4 _____

5 _____

6 _____

ONE DAY AT A TIME __ / __ / __

TO DO {today}

- [ ] _____
- [ ] _____
- [ ] _____
- [ ] _____
- [ ] _____
- [ ] _____
- [ ] _____
- [ ] _____
- [ ] _____
- [ ] _____
- [ ] _____
- [ ] _____
- [ ] _____
- [ ] _____
- [ ] _____
- [ ] _____
- [ ] _____
- [ ] _____

TO DO {later}

- _____
- _____
- _____
- _____
- _____
- _____
- _____
- _____
- _____

LET IT go

HOUR by HOUR

8 _____

9 _____

10 _____

11 _____

12 _____

1 _____

2 _____

3 _____

4 _____

5 _____

6 _____

ONE DAY AT A TIME __ / __ / __

TO DO {today}

- ☐ _____
- ☐ _____
- ☐ _____
- ☐ _____
- ☐ _____
- ☐ _____
- ☐ _____
- ☐ _____
- ☐ _____
- ☐ _____
- ☐ _____
- ☐ _____
- ☐ _____
- ☐ _____
- ☐ _____
- ☐ _____
- ☐ _____
- ☐ _____
- ☐ _____

TO DO {later}

- ▸ _____
- ▸ _____
- ▸ _____
- ▸ _____
- ▸ _____
- ▸ _____
- ▸ _____
- ▸ _____
- ▸ _____
- ▸ _____
- ▸ _____

LET IT go

HOUR by HOUR

8 _____

9 _____

10 _____

11 _____

12 _____

1 _____

2 _____

3 _____

4 _____

5 _____

6 _____

ONE DAY AT A TIME __ / __ / __

TO DO {today}

- [ ] _____
- [ ] _____
- [ ] _____
- [ ] _____
- [ ] _____
- [ ] _____
- [ ] _____
- [ ] _____
- [ ] _____
- [ ] _____
- [ ] _____
- [ ] _____
- [ ] _____
- [ ] _____
- [ ] _____
- [ ] _____
- [ ] _____
- [ ] _____
- [ ] _____
- [ ] _____

TO DO {later}

- ▶ _____
- ▶ _____
- ▶ _____
- ▶ _____
- ▶ _____
- ▶ _____
- ▶ _____
- ▶ _____
- ▶ _____
- ▶ _____
- ▶ _____
- ▶ _____

LET IT go

HOUR by HOUR

8 _____

9 _____

10 _____

11 _____

12 _____

1 _____

2 _____

3 _____

4 _____

5 _____

6 _____

ONE DAY AT A TIME __ / __ / __

HOUR by HOUR

8 _____

9 _____

10 _____

11 _____

12 _____

1 _____

2 _____

3 _____

4 _____

5 _____

6 _____

TO DO {today}

- [ ] _____
- [ ] _____
- [ ] _____
- [ ] _____
- [ ] _____
- [ ] _____
- [ ] _____
- [ ] _____
- [ ] _____
- [ ] _____
- [ ] _____
- [ ] _____
- [ ] _____
- [ ] _____
- [ ] _____
- [ ] _____
- [ ] _____
- [ ] _____

TO DO {later}

▶ _____

▶ _____

▶ _____

▶ _____

▶ _____

▶ _____

▶ _____

▶ _____

▶ _____

▶ _____

LET IT go

ONE DAY AT A TIME __ / __ / __

TO DO {today}

- [ ] _____
- [ ] _____
- [ ] _____
- [ ] _____
- [ ] _____
- [ ] _____
- [ ] _____
- [ ] _____
- [ ] _____
- [ ] _____
- [ ] _____
- [ ] _____
- [ ] _____
- [ ] _____
- [ ] _____
- [ ] _____
- [ ] _____
- [ ] _____

TO DO {later}

- _____
- _____
- _____
- _____
- _____
- _____
- _____
- _____
- _____
- _____

LET IT go

HOUR by HOUR

8 _____

9 _____

10 _____

11 _____

12 _____

1 _____

2 _____

3 _____

4 _____

5 _____

6 _____

ONE DAY AT A TIME __ / __ / __

TO DO {today}

- [ ] _____
- [ ] _____
- [ ] _____
- [ ] _____
- [ ] _____
- [ ] _____
- [ ] _____
- [ ] _____
- [ ] _____
- [ ] _____
- [ ] _____
- [ ] _____
- [ ] _____
- [ ] _____
- [ ] _____
- [ ] _____
- [ ] _____
- [ ] _____

TO DO {later}

▶ _____
▶ _____
▶ _____
▶ _____
▶ _____
▶ _____
▶ _____
▶ _____
▶ _____
▶ _____

LET IT go

HOUR by HOUR

8 _____

9 _____

10 _____

11 _____

12 _____

1 _____

2 _____

3 _____

4 _____

5 _____

6 _____

ONE DAY AT A TIME __ / __ / __

TO DO {today}

- [ ] _____
- [ ] _____
- [ ] _____
- [ ] _____
- [ ] _____
- [ ] _____
- [ ] _____
- [ ] _____
- [ ] _____
- [ ] _____
- [ ] _____
- [ ] _____
- [ ] _____
- [ ] _____
- [ ] _____
- [ ] _____
- [ ] _____
- [ ] _____

TO DO {later}

- _____
- _____
- _____
- _____
- _____
- _____
- _____
- _____
- _____
- _____

LET IT go

HOUR by HOUR

8 _____

9 _____

10 _____

11 _____

12 _____

1 _____

2 _____

3 _____

4 _____

5 _____

6 _____

ONE DAY AT A TIME __ / __ / __

TO DO {today}

- ☐ _____
- ☐ _____
- ☐ _____
- ☐ _____
- ☐ _____
- ☐ _____
- ☐ _____
- ☐ _____
- ☐ _____
- ☐ _____
- ☐ _____
- ☐ _____
- ☐ _____
- ☐ _____
- ☐ _____
- ☐ _____
- ☐ _____
- ☐ _____

TO DO {later}

- ▶ _____
- ▶ _____
- ▶ _____
- ▶ _____
- ▶ _____
- ▶ _____
- ▶ _____
- ▶ _____
- ▶ _____
- ▶ _____

LET IT go

HOUR by HOUR

8 _____

9 _____

10 _____

11 _____

12 _____

1 _____

2 _____

3 _____

4 _____

5 _____

6 _____

ONE DAY AT A TIME __ / __ / __

TO DO {today}

- [ ] _____
- [ ] _____
- [ ] _____
- [ ] _____
- [ ] _____
- [ ] _____
- [ ] _____
- [ ] _____
- [ ] _____
- [ ] _____
- [ ] _____
- [ ] _____
- [ ] _____
- [ ] _____
- [ ] _____
- [ ] _____
- [ ] _____
- [ ] _____

TO DO {later}

- _____
- _____
- _____
- _____
- _____
- _____
- _____
- _____
- _____
- _____

LET IT go

HOUR by HOUR

8 _____

9 _____

10 _____

11 _____

12 _____

1 _____

2 _____

3 _____

4 _____

5 _____

6 _____

ONE DAY AT A TIME __ / __ / __

TO DO {today}

☐ _____
☐ _____
☐ _____
☐ _____
☐ _____
☐ _____
☐ _____
☐ _____
☐ _____
☐ _____
☐ _____
☐ _____
☐ _____
☐ _____
☐ _____
☐ _____
☐ _____
☐ _____
☐ _____
☐ _____

TO DO {later}

▸ _____
▸ _____
▸ _____
▸ _____
▸ _____
▸ _____
▸ _____
▸ _____
▸ _____
▸ _____

LET IT go

HOUR by HOUR

8 _____

9 _____

10 _____

11 _____

12 _____

1 _____

2 _____

3 _____

4 _____

5 _____

6 _____

ONE DAY AT A TIME __ / __ / __

TO DO {today}

- [ ] _____
- [ ] _____
- [ ] _____
- [ ] _____
- [ ] _____
- [ ] _____
- [ ] _____
- [ ] _____
- [ ] _____
- [ ] _____
- [ ] _____
- [ ] _____
- [ ] _____
- [ ] _____
- [ ] _____
- [ ] _____
- [ ] _____
- [ ] _____

TO DO {later}

- ➤ _____
- ➤ _____
- ➤ _____
- ➤ _____
- ➤ _____
- ➤ _____
- ➤ _____
- ➤ _____
- ➤ _____
- ➤ _____

LET IT go

HOUR by HOUR

8 _____

9 _____

10 _____

11 _____

12 _____

1 _____

2 _____

3 _____

4 _____

5 _____

6 _____

ONE DAY AT A TIME __ / __ / __

TO DO {today}

☐ _____
☐ _____
☐ _____
☐ _____
☐ _____
☐ _____
☐ _____
☐ _____
☐ _____
☐ _____
☐ _____
☐ _____
☐ _____
☐ _____
☐ _____
☐ _____
☐ _____
☐ _____

TO DO {later}

▶ _____
▶ _____
▶ _____
▶ _____
▶ _____
▶ _____
▶ _____
▶ _____

LET IT go

HOUR by HOUR

8 _____

9 _____

10 _____

11 _____

12 _____

1 _____

2 _____

3 _____

4 _____

5 _____

6 _____

ONE DAY AT A TIME ___ / ___ / ___

TO DO {today}

- [ ] _____
- [ ] _____
- [ ] _____
- [ ] _____
- [ ] _____
- [ ] _____
- [ ] _____
- [ ] _____
- [ ] _____
- [ ] _____
- [ ] _____
- [ ] _____
- [ ] _____
- [ ] _____
- [ ] _____
- [ ] _____
- [ ] _____
- [ ] _____

TO DO {later}

▸ _____
▸ _____
▸ _____
▸ _____
▸ _____
▸ _____
▸ _____
▸ _____
▸ _____
▸ _____

LET IT go

HOUR by HOUR

8 _____

9 _____

10 _____

11 _____

12 _____

1 _____

2 _____

3 _____

4 _____

5 _____

6 _____

ONE DAY AT A TIME ＿ / ＿ / ＿

TO DO {today}

- [ ] _____
- [ ] _____
- [ ] _____
- [ ] _____
- [ ] _____
- [ ] _____
- [ ] _____
- [ ] _____
- [ ] _____
- [ ] _____
- [ ] _____
- [ ] _____
- [ ] _____
- [ ] _____
- [ ] _____
- [ ] _____
- [ ] _____
- [ ] _____
- [ ] _____

TO DO {later}

▸ _____
▸ _____
▸ _____
▸ _____
▸ _____
▸ _____
▸ _____
▸ _____
▸ _____
▸ _____

LET IT go

HOUR by HOUR

8 _____
_____
9 _____
_____
10 _____
_____
11 _____
_____
12 _____
_____
1 _____
_____
2 _____
_____
3 _____
_____
4 _____
_____
5 _____
_____
6 _____
_____

ONE DAY AT A TIME __ / __ / __

TO DO {today}

☐ _____
☐ _____
☐ _____
☐ _____
☐ _____
☐ _____
☐ _____
☐ _____
☐ _____
☐ _____
☐ _____
☐ _____
☐ _____
☐ _____
☐ _____
☐ _____
☐ _____
☐ _____

TO DO {later}

➤ _____
➤ _____
➤ _____
➤ _____
➤ _____
➤ _____
➤ _____
➤ _____
➤ _____
➤ _____

LET IT go

HOUR by HOUR

8 _____

9 _____

10 _____

11 _____

12 _____

1 _____

2 _____

3 _____

4 _____

5 _____

6 _____

ONE DAY AT A TIME __ / __ / __

TO DO {today}

- [ ] _____
- [ ] _____
- [ ] _____
- [ ] _____
- [ ] _____
- [ ] _____
- [ ] _____
- [ ] _____
- [ ] _____
- [ ] _____
- [ ] _____
- [ ] _____
- [ ] _____
- [ ] _____
- [ ] _____
- [ ] _____
- [ ] _____
- [ ] _____

TO DO {later}

- ▶ _____
- ▶ _____
- ▶ _____
- ▶ _____
- ▶ _____
- ▶ _____
- ▶ _____
- ▶ _____
- ▶ _____
- ▶ _____

LET IT go

HOUR by HOUR

8 _____

9 _____

10 _____

11 _____

12 _____

1 _____

2 _____

3 _____

4 _____

5 _____

6 _____

ONE DAY AT A TIME __ / __ / __

TO DO {today}

- [ ] _____
- [ ] _____
- [ ] _____
- [ ] _____
- [ ] _____
- [ ] _____
- [ ] _____
- [ ] _____
- [ ] _____
- [ ] _____
- [ ] _____
- [ ] _____
- [ ] _____
- [ ] _____
- [ ] _____
- [ ] _____
- [ ] _____
- [ ] _____

TO DO {later}

- ▶ _____
- ▶ _____
- ▶ _____
- ▶ _____
- ▶ _____
- ▶ _____
- ▶ _____
- ▶ _____
- ▶ _____
- ▶ _____

LET IT go

HOUR by HOUR

8 _____

9 _____

10 _____

11 _____

12 _____

1 _____

2 _____

3 _____

4 _____

5 _____

6 _____

ONE DAY AT A TIME __ / __ / __

TO DO {today}

- ☐ _____
- ☐ _____
- ☐ _____
- ☐ _____
- ☐ _____
- ☐ _____
- ☐ _____
- ☐ _____
- ☐ _____
- ☐ _____
- ☐ _____
- ☐ _____
- ☐ _____
- ☐ _____
- ☐ _____
- ☐ _____
- ☐ _____
- ☐ _____
- ☐ _____

TO DO {later}

- ▶ _____
- ▶ _____
- ▶ _____
- ▶ _____
- ▶ _____
- ▶ _____
- ▶ _____
- ▶ _____
- ▶ _____
- ▶ _____

LET IT go

HOUR by HOUR

8 _____

9 _____

10 _____

11 _____

12 _____

1 _____

2 _____

3 _____

4 _____

5 _____

6 _____

ONE DAY AT A TIME ___ / ___ / ___

TO DO {today}

- [ ] _____
- [ ] _____
- [ ] _____
- [ ] _____
- [ ] _____
- [ ] _____
- [ ] _____
- [ ] _____
- [ ] _____
- [ ] _____
- [ ] _____
- [ ] _____
- [ ] _____
- [ ] _____
- [ ] _____
- [ ] _____
- [ ] _____
- [ ] _____
- [ ] _____
- [ ] _____

TO DO {later}

- _____
- _____
- _____
- _____
- _____
- _____
- _____
- _____
- _____
- _____

LET IT go

HOUR by HOUR

8 _____

9 _____

10 _____

11 _____

12 _____

1 _____

2 _____

3 _____

4 _____

5 _____

6 _____